創価学会員への折伏教本　分冊版⑥

創価学会では幸せになれません

日蓮正宗宗務院

目次

凡例

一、本書は『創価学会員への折伏教本』（平成十六年刊）から、各論の第六章の九から二十三までを抄録したものである。

一、本文中に引用した書名の略称は次のとおりである。

御　書――平成新編日蓮大聖人御書（大石寺版）
法華経――新編妙法蓮華経並開結（大石寺版）
聖　典――日蓮正宗聖典
歴　全――日蓮正宗歴代法主全書
達　全――日達上人全集
富　要――富士宗学要集
研　教――富士学林教科書　研究教学書

一、本書では、同じ漢字でも仏教用語と一般用語とで、読み方を変えている。

【例】悪口（あっこう・あっく・わるくち）
歓喜（かんぎ・かんき）
懺悔（さんげ・ざんげ）
正義（しょうぎ・せいぎ）
罰　（ばち・ばつ）

第六章　日蓮正宗に疑問を感じている創価学会員に

九、第九世日有上人は「血脈も法水も我々の信心とまったく同じものである」と説いているのではないか

第九世日有《にちう》上人は、『化儀抄《けぎしょう》』に、

「信と云い血脈《けちみゃく》と云い法水《ほっすい》と云う事は同じ事なり」（聖典九七七㌻）

と仰せられ、信心・血脈・法水は皆《みな》同じ意味である、と御指南《しなん》されています。

創価学会ではこの御文をもって、

「血脈とは、秘密《ひみつ》めいた儀式《ぎしき》ではなく、信心のことであり、強盛《ごうじょう》な信心のみが大聖人の境涯《きょうがい》を我《わ》が生命に流れ通《かよ》わす唯一《ゆいいつ》の方法なのである」

（教宣ハンドブック）

と主張しています。しかしこの創価学会の論は、日蓮大聖人・日興上人の御教示に背《そむ》くものです。

御法主上人に相承される唯授一人《ゆいじゅいちにん》の血脈を否定《ひてい》するならば、日蓮大聖人が門弟《もんてい》の中から、ただ一人日興上人を選定《せんてい》されて仏法の一切《いっさい》を相承されたことを示す『二箇相承書《にかそうじょうしょ》』を否定《ひてい》することになります。また、日興上人が日目上人お一人に法体《ほったい》の血脈を相承されたことは『日興跡条々事《あとじょうじょうのこと》』に明記《めいき》されており、この日興上人の御付嘱《ふぞく》書をも否定することになるのです。

しかし、日蓮大聖人の仏法には本来、「法体の血脈」と「信心の血脈」とがあり、唯授一人の法体血脈を根本とすることは前項に述べたとおりです。

先《さき》に引いた『化儀抄』の中には、

「手続《てつぎ》の師匠《ししょう》の所は、三世《さんぜ》の諸仏高祖《こうそ》已来《いらい》代代上人のもぬけられたる故に、師匠《ししょう》の所を能《よ》く能く取り定めて信を取るべし」（聖典九七四ジペー）

と仰せられ、本宗の師弟《してい》相対の信仰において、「高祖已来代代上人」、すなわち日蓮大聖人以来の唯授一人の血脈を継承《けいしょう》される御法主上人を根本とすることを御教示されています。

このことからも日有上人が「法体の血脈」と「信心の血脈」を明確《めいかく》に立て分けられていることが明らかです。

なお、第五十九世日亨《にちこう》上人は、冒頭《ぼうとう》の『化儀抄』の御文について、

「信心に依りて法水を伝通《でんずう》する所を血脈相承と云《い》ふが故《ゆえ》に、信心は永劫《えいごう》にも動揺《どうよう》すべきものにあらず、撹乱《かくらん》すべきものにあらず、もし信が動けば其《その》法水は絶《た》えて来《きた》ることなし」（富要一―一七六ページ）

と仰せられ、大御本尊にそなわる御本仏のお心や教え・功徳などの法水は、信心によって衆生に流れ伝わるものであり、そのことをさして血脈というと御教示されています。しかしこの御教示は、「法体の血脈」を根本としたうえでの「信心の血脈」の大切さを教えられたものであって、「法体の血脈」を否定するものではありません。

これらのことから、創価学会が「法体の血脈」と「信心の血脈」を意図《いと》的に混同《こんどう》させて、大聖人以来の唯授一人の法体の血脈を否定《ひてい》することは、日蓮

大聖人の教義に背《そむ》く大謗法なのです。

十、法主は「本尊書写係りにすぎない」のではないか

創価学会では、さかんに「法主といっても本尊書写係《しょしゃがか》りにすぎない」と会員に吹《ふ》き込んでいます。

一般に、実際の姿よりも故意《こい》に小さく見せかけることを「矮小化《わいしょうか》する」といいますが、「書写係り」「…にすぎない」などの創価学会の言いぐさは、宗祖大聖人の仏法の一切《いっさい》をご所持あそばされる御法主上人と、唯授一人血脈法水《ゆいじゅいちにんけちみゃくほっすい》の尊厳《そんげん》を矮小化するための悪意《あくい》に満ちた侮言《ぶげん》です。

このように、御法主上人と血脈法水に悪態《あくたい》をついている創価学会でも、御本尊書写の大権《たいけん》は御法主上人に限るとする、日蓮正宗本来の根本宗義《しゅうぎ》だけは認めざるを得《え》ないようです。

あなたは、御本尊の「書写」という意味を知っているのですか。「書写」と

は「書き写《うつ》す」ことであり、日蓮正宗においては、本門戒壇《かいだん》の大御本尊を御法主上人が「書き写す」ことをいいますが、それは単に大御本尊のお文字を書き写すことではありません。

第五十六世日應《にちおう》上人は『本門戒壇本尊縁由』に、

「当宗《とうしゅう》に於《おい》て授与《じゅよ》する処《ところ》の御本尊は、一切衆生に下《くだ》し置《おか》れたる此の御本尊の御内証《ないしょう》を、代々の貫主職《かんずしょく》一器の水を一器に写すが如《ごと》く直授《じきじゅ》相伝の旨《むね》を以《もっ》て之を写し奉り授与せしむる事《こと》なれば…」（日應上人全集一―九）

と甚深《じんじん》の御指南をなされています。すなわち御本尊の御書写とは、本門戒壇の大御本尊の御内証を、時の御法主上人が唯授一人血脈相伝の旨をもってお写しあそばされることであり、大御本尊にそなわる御本仏の「たましい」と、一切衆生を利益《りやく》される御本仏の功徳を、そのままお写し申し上げることなのです。

したがって第二代戸田会長も、

「ただ、大御本尊だけは、われわれは作るわけにはゆかない。日蓮大聖人様のお悟り、唯授一人、代々の法主猊下《げいか》以外にはどうしようもない」
（大白蓮華　昭和三十四年七月号九ジペー）

と述べているのです。

まさしく御本尊の御書写は、御内証に御本仏の血脈法水を継承伝持《けいしょうでんじ》あそばされる御法主上人でなければ、なし得《え》ないことなのです。

このことは、日蓮大聖人の仏法の根本法義は、御法主上人お一人に伝えられているということです。ですから御法主上人が、甚深《じんじん》の御境界《きょうがい》から衆生を教導《きょうどう》される御指南《しなん》に離反《りはん》して、日蓮大聖人の正義《しょうぎ》は絶対にないのです。

創価学会では、会員に池田大作を「永遠の師」と崇《あが》めさせていますが、池田は唯授一人の血脈を承《う》けているわけでもなく、本尊書写の資格《しかく》もありません。まして御法主上人に反逆《はんぎゃく》する大謗法《ほうぼう》者となっているのですから、衆生を成仏に導く「永遠の師」どころか、地獄《じごく》に突き落とす魔《ま》の権化《ごんげ》となっているのです。

あなたが、幸福な人生を築《きず》き、成仏を遂《と》げるためには、池田大作に随うべきなのか、それとも、御本仏の血脈法水を承継《しょうけい》される御法主上人の御指南に随《したが》うべきなのかを、よくよく考えてみるべきです。

十一、宗門は日寛上人の御本尊を『ニセ本尊』といっているが、これは日寛上人を冒とくする謗法ではないか

宗門では、創価学会が勝手に作製《さくせい》したものを『ニセ本尊』と指摘《してき》しているのであって、日寛《にちかん》上人が御書写《しょしゃ》された御本尊をただちに『ニセ本尊』といっているのではありません。

日蓮正宗の「本尊」は、本門戒壇《かいだん》の大御本尊であり、宗義《しゅうぎ》の根幹《こんかん》をなす法体《ほったい》ですから、御本尊にかかわるすべての権能《けんのう》は、血脈《けちみゃく》を継承《けいしょう》される御法主上人にましますことはいうまでもありません。したがって、御本尊の御書写は無論《むろん》のこと、開眼《かいげん》も下附《かふ》も、すべて御法主上人の許可なくしてはなされないのです。

創価学会第二代戸田会長は、御本尊について、

「ただ、大御本尊だけは、われわれは作るわけにはゆかない。日蓮大聖人

様のお悟《さと》り、唯授一人《ゆいじゅいちにん》、代々の法主猊下《げいか》以外にはどうしようもない。だから、仏立宗《ぶつりゅう》や身延《みのぶ》のヤツラが書いた本尊なんていうものはね、ぜんぜん力がない。ニセですから、力がぜんぜんない。むしろ、魔性《ましょう》が入っている。魔性の力が入っている。だからコワイ」

（大白蓮華　昭和三十四年七月号九ページ）

と指導しています。

しかるに現在の創価学会は、日寛上人の御本尊を勝手にコピーし、これを会員に販売《はんばい》しているのです。これは、姿や形は「日寛上人の御本尊」とそっくりであっても、血脈付法の御法主上人の御開眼も御許可もないものであり、まったく「日寛上人の御本尊」とはいえないしろものです。

そのうえ創価学会は、日寛上人の御本尊に認《したた》められていた「大行阿闍梨本《だいぎょうあじゃりほん》証坊日證《しょうぼうにっしょう》」という「授与書き《じゅよが》」を勝手に抹消《まっしょう》し、変造《へんぞう》しているのですから、学会が、日寛上人のお心に背《そむ》き、そのお徳を汚《けが》す大謗法《ほうぼう》を犯《おか》していることは明白です。

なお、これについては〈総論第三章四『ニセ本尊』を配布する創価学会二二㌻（分冊版①二八㌻）〉を参照してください。

十二、宗門はなぜ創価学会の本尊下附を非難するのか

創価学会では、「自分たちが真の和合僧団《わごうそうだん》だから、本尊を授与《じゅよ》できる」と主張していますが、日蓮大聖人の仏法では、御本尊の書写《しょしゃ》・授与に関する権能《けんのう》は御法主上人のみが有《ゆう》するものです。

これについて、『本因妙抄《ほんにんみょうしょう》』には、

「血脈《けちみゃく》並びに本尊の大事は日蓮嫡々座主伝法《ちゃくちゃくざすでんぽう》の書、塔中《たっちゅう》相承の稟承唯授一《ぼんじょうゆいじゅいち》人《にん》の血脈なり」（御書一六八四ジペー）

とあり、また第五十九世日亨《にちこう》上人は『化儀抄註解《けぎしょうちゅうげ》』に、

「曼荼羅《まんだら》書写の大権《たいけん》は唯授一人金口《こんく》相承の法主に在《あ》り」（富要一―一一二ジペー）

「曼荼羅書写本尊授与の事は宗門第一尊厳《そんげん》の化儀なり（中略）授与する人は金口《こんく》相承の法主に限り」（同ジペー）

と明らかに示されています。

したがって、創価学会の「和合僧団だから授与できる」という主張は、日蓮大聖人の教えではありません。

創価学会では、『ニセ本尊』の授与は、日蓮正宗改革《かいかく》同盟・青年僧侶改革同盟なるものの決議によったとうそぶいていますが、これらの構成員《こうせい》は、日蓮正宗と何ら関係のない離脱僧《りだつ》・邪教僧《じゃきょう》です。さらに「学会の総務会等の正当《せいとう》な決議を経《へ》て」などともいっていますが、これらは日蓮大聖人の教義に違背《いはい》する「不当《ふとう》な決議」であり、『ニセ本尊』を正当化するための猿芝居《さるしばい》にすぎません。

このような、謗法《ほうぼう》の団体である創価学会の幹部と、得体《えたい》の知れない離脱僧との謀議《ぼうぎ》による『ニセ本尊』の勝手な作製と授与は、「御本尊に関する権能《けんのう》は御法主上人のみにましまず」という伝統宗義《でんとうしゅうぎ》の根幹に背《そむ》き、御本仏日蓮大聖人の法義に反逆《はんぎゃく》する大謗法罪《ざい》に当たります。

ですから、宗門が創価学会の『ニセ本尊』作製・販売に対して、厳《きび》しくその謗法を戒《いまし》めるのは当然のことであり、決して感情的に非難《ひなん》しているのではないのです。

十三、宗門では「御本尊には法主による開眼が必要だ」と主張しているが、これは根拠のないものではないか

宗祖日蓮大聖人や日興上人のお書きものの中に、「開眼《かいげん》供養」について御教《きょう》示《じ》されたものが何編かあります。それらの御教示には、いずれも開眼の意義とその必要性が明かされています。

しかし、御本尊の書写や開眼についての御教示は、相伝《そうでん》にかかわることですから、日蓮大聖人の御書や歴代《れきだい》上人の御記述においてもその数が少ないのは当然といえます。

そのなかで、第三十一世日因《にちいん》上人の『御消息《しょうそく》』には、

「木絵《もくえ》の二像は本《も》と草木《そうもく》にて有り、然《しか》るを生身《しょうしん》の妙覚《みょうがく》の仏と開眼したまふ事は大事至極《しごく》の秘曲《ひきょく》也。日蓮聖人《しょうにん》乃至《ないし》日因に至《いた》る迄《まで》、三十一代累《るい》も乱《みだ》れず

相伝是《これ》也」（妙喜寺文書）

とあり、第五十六世日應《にちおう》上人は、

「金口《こんく》血脈には、宗祖己心《こしん》の秘妙《ひみょう》を垂示《すいじ》し一切衆生成仏を所期《しょご》する本尊の活眼《かつげん》たる極意《ごくい》の相伝あり」（研教二七―四七四ページ）

と御指南されています。これらの御教示からも、御法主上人による御本尊の開眼が本宗宗義《しゅうぎ》の肝要《かんよう》の大事であることは明らかです。

十四、宗門には「僧が上、俗は下」という僧俗差別観があるのではないか

この世に存在する一切のものに、現象面《げんしょう》での差別《さべつ》と普遍《ふへん》的な面での平等《びょうどう》という両面があることは、誰もが知っています。

第九世日有《にちう》上人は『化儀抄《けぎしょう》』において、

「貴賤道俗《きせんどうぞく》の差別なく信心の人は妙法蓮華経なる故《ゆえ》に何《いず》れも同等なり、然《しか》れども竹に上下の節《ふし》の有るがごとく、其《そ》の位をば乱《みだ》せず僧俗の礼儀《れいぎ》有るべきか」（聖典九七三ページ）

と仰せられ、僧侶と信徒はもちろんのこと、身分の高い人と低い人も、信仰のうえでは本質《ほんしつ》的に平等であるが、役割《やくわり》のうえでの地位の差は存在し、そこに礼儀が必要であると御教示されています。

ところが創価学会は、宗門が創価学会に送付した文書の中から、

「あたかも僧俗がまったく対等の立場にあるように言うのは、信徒としての節度《せつど》・礼節《れいせつ》をわきまえず、僧俗の秩序《ちつじょ》を失《うしな》うものである」（お尋《たず》ね文書　平成二年十二月十三日付）

「僧俗には大聖人の仏法に即《そく》した本来的な差別が存するのは当然であります」（宗務院よりの指摘　平成三年一月十二日付）

という、差別に関する部分のみを採《と》り上げて、あたかも宗門僧侶が宗教的権威《けんい》を振《ふ》りかざし、信徒の上に君臨《くんりん》しているように印象《いんしょう》づけています。

しかし、これらの文書には、

「御本尊を拝する姿においては、一応平等であります…」（お尋ね文書）

「『化儀抄』でいう信心の意味するところは、妙法の御本尊に向かって本門の題目を唱えるところ、すなわち九界即《そく》仏界という本因妙《ほんにんみょう》成仏の義をいうのでありまして、そこには当然僧俗の差別はなく、平等であり…」

（宗務院よりの指摘）

との文言《もんごん》があり、明らかに僧俗が信仰のうえで平等である旨《むね》が明記されています。

創価学会は、これらの文書の〝僧俗は平等である〟とする部分を故意《こい》に覆《おお》い隠《かく》して、差別の面のみを誇張《こちょう》しているのです。この一事《いちじ》を見ても、いかに創価学会が偏《かたよ》った宣伝をして会員を惑《まど》わしているのかがわかります。日蓮正宗には、僧俗は平等にして差別、差別にして平等という一貫《いっかん》した精神が伝えられているのですから、創価学会がいうような「僧侶が宗教的権威を振りかざす」とか、「信徒の上に君臨する」などの宗門への非難《ひなん》は、創価学会の捏造《ねつぞう》以外の何ものでもありません。

日蓮正宗の僧俗は、御法主上人の御指南のもと、広宣流布をめざし、僧俗一致・異体同心《いたいどうしん》して自行化他《じぎょうけた》の信行《しんぎょう》に精進《しょうじん》しているのです。

あなたの疑問は、創価学会の悪質《あくしつ》きわまりない情報に紛動《ふんどう》されたところからきているものであり、一日も早くその朦霧《もうむ》の迷《まよ》いから覚《さ》めるべきです。

十五、宗門が聖教新聞などで非難されているのは、宗門が本当に悪いからではないか

宗門は、創価学会が現在さかんに行っている僧侶や法華講員への低俗《ていぞく》な個人攻撃《こうげき》や人身《じんしん》攻撃に対して、一々取り合うつもりはありません。

なぜなら、あまりにも低俗で愚劣《ぐれつ》な創価学会の言い掛《が》かりに対して、宗門がまともに相手にするならば、それこそ「狂人《きょうじん》走れば不狂人も走る」（広辞苑岩波書店）のそしりを免《まぬか》れないからです。

ただし、法義や宗史《しゅうし》など信仰の根幹にかかわる宗門への誹謗《ひぼう》や、創価学会の邪義《じゃぎ》・邪説《じゃせつ》の一々に対しては、宗門は道理を尽《つ》くして明快《めいかい》に破折《はしゃく》を加えています。

特に創価学会は、御法主日顕上人猊下《げいか》に対して口をきわめて誹謗中傷《ひぼうちゅうしょう》を繰《く》

り返しています。これは、御法主上人猊下を貶《おとし》め、血脈《けちみゃく》の尊厳《そんげん》に傷《きず》をつけて、会員に宗門への怨念《おんねん》を植えつけるための悪らつな謀略《ぼうりゃく》報道であり、捏造《ねつぞう》による誹謗《ひぼう》以外の何ものでもありません。

法華経の『勧持品《かんじほん》』には、

「濁劫悪世《じょっこうあくせ》の中には　多く諸《もろもろ》の恐怖《くふ》有らん　悪鬼其《あっきそ》の身に入《い》って　我を罵詈《めり》毀《き》辱《にく》せん　我等《われら》仏を敬信《きょうしん》して　当《まさ》に忍辱《にんにく》の鎧《よろい》を著《き》るべし」（法華経三七七ジ）

とあり、末法において法華経を信仰する者は、悪心に満ちた妨害《ぼうがい》者によって、罵《のの》しりや辱《はずかし》めを受けるが、正法を信ずる者はそれを堪《た》え忍《しの》ぶべきであると説かれています。

日蓮大聖人は『開目抄《かいもくしょう》』に、この経文を引かれて、

「今の世《よ》を見るに、日蓮より外《ほか》の諸僧、たれの人か法華経につけて諸人《しょにん》に悪口《あっく》罵詈せられ、刀杖《とうじょう》等を加《くわ》へらるゝ者ある。日蓮なくば此の一偈《げ》の未来記は妄語《もうご》となりぬ」（御書五四一ジ）

と仰せられ、法華経の予言どおりに悪口・刀杖の大難《だいなん》を受けられたのは大聖人お一人であると御教示されています。

すなわち、日蓮大聖人は、御自身に何の過失《かしつ》もないにもかかわらず、法華経を弘めたというだけの理由で、悪口罵詈の難や刀杖瓦礫《がりゃく》の難を受けられ、そのうえ二度の流罪《るざい》にも遭《あ》われたのです。

現在、創価学会が宗門を連日、非難攻撃《こうげき》しているのは、創価学会の謗法《ほうぼう》を宗門が毅然《きぜん》として指摘《してき》し、厳《きび》しく破折《はしゃく》を加えているからにほかなりません。

「学会から非難されるのは宗門が悪いからだ」というあなたの言い分は、法華経に説かれる末法予証《よしょう》の経文に疎《うと》く、日蓮大聖人の御化導《けどう》をまったく理解していないところに起因《きいん》しているというべきです。

十六、宗門僧侶は、なぜ創価学会員との法論や対話を避けるのか

あなたの質問は、あたかも「日蓮正宗の僧侶は、創価学会員との法論《ほうろん》に勝つ自信《じしん》がないので、法論から逃《に》げている」といわんばかりですが、それは事実誤認《ごにん》であり、考え違《ちが》いです。

日蓮正宗の僧侶が「法論から逃げている」ことなどは絶対にありません。

それは、今までにも宗門の僧侶が創価学会幹部と法義に関する件について法論対決《たいけつ》した例があることからも明らかです。しかもいずれの法論においても、宗門の僧侶が日蓮正宗の正義《しょうぎ》をもって堂々《どうどう》と創価学会の邪義《じゃぎ》を論破《ろんぱ》しています。

もっとも、すでに邪教《じゃきょう》となり、都合《つごう》によって主張を変える創価学会が、七百五十年間、一貫《いっかん》して日蓮大聖人の正法を守り伝えてきた日蓮正宗の大義《たいぎ》に

勝てるわけがないのです。

しかるに現在の創価学会は、日蓮正宗を貶《おとし》め、僧侶を攻撃《こうげき》することを目的として対話を要求し、それに応じた僧侶の話をひそかに録音《ろくおん》して悪宣伝《あくせんでん》の材《ざい》料《りょう》にしています。このとき、話の内容に関係なく、創価学会員が突然《とつぜん》大声で「創価学会が正しい」とか「宗門は負けた」などと叫《さけ》び、その部分のみを会合で再生して、「法論に勝った」といって宣伝する例も多いのです。これも創価学会の卑劣《ひれつ》な手口《てぐち》の一つです。

また、創価学会員は僧侶と議論《ぎろん》をしていても、返答に窮《きゅう》すると話をはぐらかしたり、初めから宗門や僧侶の悪口《わるくち》を一方的にまくし立てることがほとんどです。

宗門の僧侶は、このような法義にかかわりのない、低級《ていきゅう》で、中傷《ちゅうしょう》するための「法論」や「話し合い」は、まともに応ずるほどのものではないとして、一々相手にはしていないのです。

このことをもって、創価学会では「宗門の僧侶は法論を避《さ》けている」というのでしょうが、創価学会員が真摯《しんし》に正法を求め、法義の正邪《せいじゃ》を確認したいというならば、宗門の僧侶は誠意《せいい》をもって対話に応じています。

あなたが、本当に僧侶の話を聞きたいというならば、徒党《ととう》を組《く》まずに一人で寺院を訪《たず》ねるべきです。

十七、宗門は長い間、創価学会をだましてきたのではないか

宗門は、創価学会の初代会長牧口常三郎氏、第二代会長戸田城聖氏の時代から、日蓮正宗の教義を広宣流布するために活動する創価学会に対して、あらゆる面で支援《しえん》し協力《きょうりょく》してきました。

また、宗門僧侶は創価学会員に対しても、日蓮大聖人の仏法を正しく信仰し、幸福な人生を歩むよう全力《ぜんりょく》を尽《つ》くしてきました。

そこには「創価学会をだます」とか「会員をたぶらかす」などという邪《よこしま》な考えは微塵《みじん》もなかったのです。

かつて第六十六世日達《にったつ》上人は、創価学会創立四十八周年記念代表幹部会の席上、

「この三十年間、学会はまことに奇跡《きせき》的な大発展をとげられた、そのため

に今日の我が宗門の繁栄《はんえい》が築《きず》かれたことは歴史的事実であり、その功績《こうせき》は仏教史に残るべきまことに輝《かがや》かしいものであります。しかし、その陰《かげ》に、宗門の僧侶の挙《こぞ》っての支援と協力があったことを忘れないでいただきたいのです」（大日蓮号外　昭和五十三年十二月号十四㌻）と御指南《しなん》されています。

なお、この質問の事柄《ことがら》について詳しくは〈第二章六項目一〇六㌻（分冊版②五六㌻）〉を参照してください。

十八、宗門は、学会を破門するために「C作戦」を画策していたのではないか

創価学会では、宗門が学会を破門するために「C作戦」を画策《かくさく》していたと言い掛《が》かりをつけています。

しかし宗門にはもともと「C作戦」なるものは、まったく存在しません。

これは、今回の問題が、あたかも宗門の陰謀《いんぼう》によって引き起こされたかのように会員を洗脳《せんのう》するため、創価学会が捏造《ねつぞう》したものです。

平成十一年四月、長野地裁《ちさい》はこの「C作戦」について、

「一方的な陳述《ちんじゅつ》の類《たぐい》であり、その内容も客観的《きゃっかん》根拠《こんきょ》に乏《とぼ》しく、また、これらを補強《ほきょう》し得《う》る的確《てきかく》な証拠《しょうこ》もない」（善興寺明渡訴訟）

と明確な判決《はんけつ》を下しています。この判決は、創価学会が主張するような「C

作戦」が宗門に存在したという「客観的根拠」も「的確な証拠」もなかったことを証明《しょうめい》するものです。

しかし創価学会は、この判決の内容を学会員にひた隠《かく》しにし、今なお宗門に「C作戦」が存在していたかのように悪宣伝《あくせんでん》を繰《く》り返しているのです。

十九、宗門は日蓮宗（身延派）と交流し謗法と化しているのではないか

日蓮正宗は、身延《みのぶ》派などの日蓮宗はもちろんのこと、他宗教団《きょうだん》と交流《こうりゅう》を深めるなどということは一切ありません。

ただし、総本山大石寺では、普段《ふだん》から一般の人が総本山内を見学することは自由であり、それは身延派を含めた他宗の僧侶であろうと例外《れいがい》ではありません。しかし、他宗派の人が大御本尊を参拝《さんぱい》したり、供養《くよう》したりすることは厳《きび》しく禁《きん》じています。

また、本宗の僧俗《そうぞく》が身延や千葉、鎌倉などの他宗寺院にある大聖人の聖跡《せいせき》を見学することもあります。しかしこれは、信仰心をもって参詣《さんけい》するのではなく、あくまでも歴史を学ぶ糧《かて》にしたり、他宗の実状を知るためですから、

謗法《ほうぼう》には当たりません。

第九世日有上人《にちうしょうにん》は『化儀抄《けぎしょう》』に、

「但《ただ》し物見遊山《ものみゆさん》なんどには神社へ参《まい》らせん事禁《きん》ずべからず」（聖典九八七ジペー）

と仰せられ、この御文について第六十六世日達上人《にったつしょうにん》は、

「見物遊覧《ゆうらん》のため神社を見て廻《まわ》っても、それを禁止する必要はありません。しかし信心の心で詣《まい》って礼拝《らいはい》しては、謗法の人に同ずることになって与同《よどう》罪《ざい》をこうむるのであります」（達全一―四―五五八ジペー）

と解説されています。

創価学会は、日蓮宗（身延派）の僧侶が大石寺を見学するために訪《おとず》れたり、本宗の僧俗が他宗寺院にある史跡《しせき》を見学したことを、ことさら大仰《おおぎょう》に取り上げて、「宗門は日蓮宗と交流を深めている」などとデマを流しています。これは、創価学会が会員に対して、あたかも宗門が謗法厳誡《ほうぼうげんかい》の精神を失《うしな》ってしまったかのように思わせるための悪口《わるくち》なのです。

しかるに創価学会では、平成七年頃より立正佼成会《りっしょうこうせいかい》などの新興《しんこう》宗教や既成《きせい》仏教教団に対して、「今まで非難《ひなん》して悪かった」などとお詫《わ》び行脚《あんぎゃ》を行《おこな》い、他宗派への迎合《げいごう》を図《はか》っています。

このように従来《じゅうらい》の方針を平然《へいぜん》と変え、積極的に邪宗教と共存《きょうぞん》を図る創価学会こそ、日蓮大聖人の謗法厳誡の精神を失った集団になっているのです。

二十、宗門はかつて戦争に協力し、神札を祀るなどの謗法を犯したのではないか

この質問には、さまざまな意味が含まれていますので、以下のように二点に分けて説明します。

①戦争協力について

第二次世界大戦中は、「国家総動員《そうどういん》」の名のもとに、日本の国全体が戦争体制へと組み込まれていった時代でした。信教《しんきょう》の自由が抑圧《よくあつ》され、言論《げんろん》が厳《きび》しく統制《とうせい》されていた状況のなかで、当時の宗門僧侶は、日蓮大聖人の仏法の根本である本門戒壇《かいだん》の大御本尊と唯授一人《ゆいじゅいちにん》の血脈《けちみゃく》を厳護《げんご》するため、筆舌《ひつぜつ》に尽《つ》くしがたい苦労をしました。

戦争は本来、「兵革《ひょうかく》の災《わざわ》い」すなわち悪《あ》しき不幸な状態であり、一国謗法《ほうぼう》の

現証《げんしょう》であることは日蓮大聖人の御教示に明らかです。ですから、日蓮正宗がこのような戦争に積極的《せっきょくてき》に加担《かたん》することは絶対にないのです。

しかし、宗門の存続《そんぞく》をも脅《おびや》かす強大な軍部《ぐんぶ》の圧力《あつりょく》のもとに、宗門の僧俗は、教義的な謗法や逸脱《いつだつ》を犯《おか》さない限りにおいて、金属類の供出《きょうしゅつ》、徴兵《ちょうへい》、軍隊への境内地《けいだいち》の供用《きょうよう》、国家への奉仕《ほうし》などに協力せざるを得《え》ませんでした。

また、総本山大石寺を守るうえから、一国の滅亡《めつぼう》を避《さ》ける意味で、日本国の戦勝祈願を行ったこともありました。これも宗門が、戦争そのものに積極的に協力したという意味ではありません。

当時の創価教育《きょういく》学会の出版物の中には、

「いまや、皇国《こうこく》日本か(ママ)北はアリューシャン群島《ぐんとう》方面より遥《はる》かに太平洋の真中を貫《つらぬ》き、南はソロモン群島附近《ふきん》にまで及《およ》び、更《さら》に南洋諸島を経《へ》て、西は印度洋《いんどよう》からビルマ支那大陸に、将又蒙疆満州《はたまたもうきょうまんしゅう》に至《いた》るの広大なる戦域《せんいき》に亘《わた》り、赫々《かくかく》たる戦果《せんか》を挙《あ》げ、真《まこと》に聖戦《せいせん》の目的を完遂《かんすい》せんとして老若《ろうにゃく》男女を問はず、第一線に立つ者も、銃後《じゅうご》に在《あ》る者も、いまは恐《おそら》くが戦場《せんじょう》精神によって一丸《いちがん》となり、只管《ひたすら》に目的達成に邁進《まいしん》しつゝあることは、すでに皆様熟知《じゅくち》されるところである」（大善生活実証録《だいぜんせいかつじっしょうろく》四八ジ）

と、日本軍《ぐん》の戦果《せんか》を賞賛《しょうさん》する言辞《げんじ》が見られます。

今になって創価学会は、「学会こそ、首尾一貫《しゅびいっかん》して戦争反対を唱えてきた」「牧口・戸田両会長は、戦争反対を唱えて投獄《とうごく》された」などと会員に吹聴《ふいちょう》していますが、これはまったくのデタラメです。なぜならば、戦時中の創価教育学会が戦争反対を表明したという証拠《しょうこ》は何一つありませんし、牧口・戸田両会長が投獄されたのは、戦争に反対したからではなく、当時の「不敬罪《ふけいざい》」によるものだからです。

②神札問題について

宗門は、日蓮大聖人の仏法を護《まも》り、個々《ここ》の信徒を無用《むよう》の軋轢《あつれき》から守るために、軍部《ぐんぶ》の強制による「天照太神《てんしょうだいじん》」と書かれた紙を、受け取ることをやむなく容認《ようにん》したこともありました。創価学会でもこのとき、戸田理事長（のちの第二代会長）の名をもって「通諜《つうちょう》」を出し、神札《かみふだ》を粗末《そまつ》に扱《あつか》わないよう、会員に通知しています。

また、創価学会は、「宗門は戦時中、大石寺に神札を祀《まつ》るという謗法《ほうぼう》を犯《おか》した」といっていますが、これについて第六十六世日達《にったつ》上人は、

「総本山において、天照大神のお札《ふだ》を貼《は》ったことは一度もありません。（中略）別に我々がその天照大神のお札を拝《おが》んだことなどありもしない。また、実際その中（軍部が強制的《きょうせい》に使用していた書院《しょいん》）へ入って見たこともない。入れてくれもしない。まあ借家《しゃくや》同然で、借家として貸《か》したんだから向こうの権利《けんり》である。そういうような状態であって、決して我々が天照大神のお札を祭《まつ》ったとか、拝《おが》んだとかいうことは、事実無根《むこん》であります」

（達全二―五―六〇七ジペー）

と仰せられています。

戦争という異常《いじょう》な状況のなかで、当時の御法主上人及《およ》び宗門の僧俗《そうぞく》の苦労によって本門戒壇《かいだん》の大御本尊と唯授一人《ゆいじゅいちにん》の血脈《けちみゃく》は護られ、その後の宗門・学会の発展につながったのです。

創価学会は、自分たちの行為《こうい》を棚《たな》に上げて、あたかも宗門が戦争に協力し、謗法を容認したかのように主張していますが、これは宗門を貶《おとし》めるための悪《あく》宣伝《せんでん》であり、卑劣《ひれつ》きわまりない言動というべきです。

【資料】◇『通諜（ママ）』戸田城外（城聖）
「学会の精神たる天皇中心主義の原理を会得し、誤りなき指導をなすこと（中略）皇大神宮の御札は粗末に取り扱はざる様敬神崇祖の念とこれを混同して、不敬の取り扱いなき様充分注意すること」（昭和十八年六月二十五日付）

二十一、大石寺は、遺骨をずさんに管理し、許可のない場所に埋葬するという法律違反を犯したのではないか

①「大石寺では、合葬納骨の遺骨をずさんに扱っているのではないか」

大石寺では合葬納骨《がっそうのうこつ》を、決してずさんな方法で行《おこな》ってはおりません。

大石寺では、信徒から合葬納骨の願い出があったときは、僧侶による読経《どきょう》・唱題・回向《えこう》を行い、その後、遺骨《いこつ》を大納骨堂の合葬所に納めています。これら一連の遺骨の取り扱《あつか》いは担当僧侶によって丁重《ていちょう》に行われていることはいうまでもありません。

創価学会の機関紙などでは、宗門から離脱《りだつ》した元僧侶らが提供《ていきょう》したという写真や証言を引き合いにして、大石寺の納骨に関する誹謗中傷《ひぼうちゅうしょう》を繰《く》り返していますが、これらは、埋蔵《まいぞう》作業の一部分のみを悪意《あくい》をもって誇張《こちょう》したものに

すぎません。

②「大石寺は、合葬の遺骨を不法投棄しているのではないか」

創価学会は、大石寺が遺骨《いこつ》を不法投棄《とうき》したといっていますが、これを聞いた学会員は、いかにも大石寺が遺骨を粗末《そまつ》にし、「投げ捨てている」ような印象《いんしょう》を抱《いだ》くことでしょう。

しかし、大石寺では、正当な合葬地《がっそうち》に、読経・回向《えこう》をしたのち、丁重《ていちょう》に遺骨を埋葬《まいそう》しているのであって、決して不法に「投げ捨てている」などという事実はありません。これは創価学会の悪意に満ちた言い掛《が》かりなのです。

たしかに、昭和四十三年から五十二年頃にかけて、総本山大石寺に合葬納骨を願い出た創価学会員が、総本山大石寺に対して遺骨を大納骨堂内に収蔵《しゅうぞう》することなどを求めてきた裁判では、東京高裁は重大な事実誤認《ごにん》のもとに一審の静岡地裁《ちさい》判決を覆《くつがえ》し、大石寺に金員の支払いを命ずる不当《ふとう》判決を下し、最高裁も上告を棄却《ききゃく》する決定を下しています。

しかし、この合葬骨の埋骨《まいこつ》が行われた場所は、大石寺境内地《けいだいち》内の、それも墓埋法《ぼまいほう》一〇条による墓地《ぼち》の経営許可《けいえいきょか》を得《え》ている地域《ちいき》です。また、すぐ近くには御歴代《れきだい》上人の位牌堂《いはいどう》である十二角堂《かくどう》や大納骨堂が建立《こんりゅう》されており、埋葬所としてふさわしいところです。

昭和五十二年、日達上人立ち会いのもと、この地に合葬依頼《いらい》のあった遺骨が埋葬され、日達上人の大導師《だいどうし》により読経・唱題・回向がなされたうえ、大石寺に由縁《ゆえん》のある古代杉《こだいすぎ》が植栽《しょくさい》されました。また現在では、合葬地の周囲に柵《さく》が設《もう》けられ、正面に題目碑《だいもくひ》が建立されています。

現地を見れば、創価学会がいう不法な場所への投棄などではないことがわかるはずです。

③「大石寺では、一時預かりの遺骨も合葬しているのではないか」

大石寺での納骨《のうこつ》方法には、一時預《あず》け納骨と合葬《がっそう》納骨の二種類があります。

一時預け納骨とは、遺骨《いこつ》を墓に納めるまでの間、遺骨を預かるものであり、合葬納骨とは遺骨を永久《えいきゅう》に大石寺墓地に埋納《まいのう》するものです。

創価学会では、この一時預け納骨と合葬納骨とを故意《こい》に混同《こんどう》させ、「一時預かりの遺骨もすでに合葬し、引き取ることができなくなっている」という風聞《ふうぶん》を流しています。しかし、大石寺では一時預け納骨でお預かりした遺骨は、いつでもお返しできるようになっています。したがって実際に、遺骨を預けた人は何の支障《ししょう》もなく遺骨を引き取っているのです。

創価学会の無責任な宣伝に惑《まど》わされないよう注意すべきです。

二十二、釈尊は「僧侶は本来、葬儀に携わるべきではない」と説いたというが、宗門は違背しているのではないか

創価学会では、釈尊《しゃくそん》が弟子たちに「僧侶は葬儀《そうぎ》にかかわってはならない」と語ったとして、

「僧侶が葬儀を執《と》り行うことは仏教本来の在《あ》り方ではない」
（大白蓮華　平成十四年八月号一一三ページ）

と主張しています。その主張を裏《うら》づける経典を創価学会は明確にしておりませんが、仏教学者の中村元《はじめ》氏などが、小乗《しょうじょう》経典の『遊行経《ゆうぎょうきょう》』を解説《かいせつ》するなかで、

「釈尊の言葉として、『アーナンダよ。お前たちは、修行完成《かんせい》者の遺骨《いこつ》の供養（崇拝《すうはい》）にかかずらうな。どうか、お前たちは、正しい目的のために努

力せよ』」（仏典講座　遊行経下五一〇㌻）

と記述していることはたしかです。

しかし、同じ小乗経典の『無常経《むじょうぎょう》』には、

「一苾芻《いちびっしゅ》の能《よ》く読経する者を請《しょう》じ、法座《ほうざ》に昇《のぼ》りて其《そ》の亡者の為《た》めに無常経を読ましめよ」（国訳一切経　経集部一二―五九㌻）

とあり、死者のために苾芻（比丘《びく》・僧侶）が読経《どきょう》して弔《とむら》うことが説かれています。

また、『浄飯王涅槃経《じょうぼんのうねはんぎょう》』には、

「浄飯王の命終《みょうじゅう》するや、殮《おさむ》るに七宝《しっぽう》の棺《ひつぎ》を以《もっ》てす。仏と難陀《なんだ》と、前に在《あ》り」（国訳一切経　目録事彙部二―三五一㌻）

とあり、釈尊と弟子の難陀尊者が、浄飯王の送葬《そうそう》に立ち会ったことが説かれています。

これらのことからも、釈尊が修行僧に対して、葬儀に携《たずさ》わることを禁《きん》じたなどということはあり得《え》ないのです。まして創価学会がいうような、「僧侶が葬儀を執り行うことは仏教本来の在り方ではない」などということを、釈尊が説《と》かれるはずはありません。

いずれにしても、これらの経文は小乗仏教のものであり、自己の悟《さと》りのみを求める小乗教の修行者にとっては、自行《じぎょう》を優先《ゆうせん》することは当然であり、その意味で他人の葬儀に携わらなくてもよい、とする経文も見られるのです。

これが大乗《だいじょう》仏教、ことに法華経の教えに至《いた》れば、自行化他《けた》の両面にわたる修行が説かれるのですから、法華経を行ずる僧侶が、生きた人々を導《みちび》くと同時に、死者を成仏に引導《いんどう》することは当然なのです。

日蓮大聖人も、信徒の願い出によって死者の回向供養《えこうくよう》をなされたことは、御書の随所《ずいしょ》に拝《はい》することができます。その例を挙《あ》げれば、文永二年三月に南条時光殿の父君《ちちぎみ》南条兵衛《ひょうえ》七郎殿が亡くなったとき、大聖人は鎌倉からはるばる駿河《するが》上野の地に下向《げこう》され、故人《こじん》に「行増《ぎょうぞう》」との戒名《かいみょう》を与《あた》えられて、墓前《ぼぜん》で回向供養をなされました。

これについて『南条後家尼《ごけあま》御前御返事』に、

「法華経にて仏にならせ給《たま》ひて候《そうろう》とうけ給《たま》はりて、御《おん》はかにまいりて候《そうら》ひしなり」（御書七四一㌻）

と仰せられています。また、富木入道殿《ときにゅうどうどの》が亡《な》き母君の遺骨《いこつ》を首にかけて、身《み》延《のぶ》の大聖人のもとを訪《おとず》れ、追善《ついぜん》供養を願い出ています。

そのときの様子《ようす》について『忘持経事《ぼうじきょうじ》』に、

「教主《きょうしゅ》釈尊の御宝前《ごほうぜん》に母の骨《ほね》を安置し（中略）随分《ずいぶん》に仏事《ぶつじ》を為《な》し、事故無く還《かえ》り給ふ」（御書九五七㌻）

と仰せられています。

また、日興《にっこう》上人は、信徒の曽禰《そね》殿に宛《あ》てた書状に、

「市王殿《いちおうどの》の御うは《乳母》他界《たかい》御事申ばかり候はず、明日《みょうにち》こそ人をもまいらせて御とぶらひ申し候らはめ」（歴全一―一五二㌻）

と、曽禰殿の母君の逝去《せいきょ》に際して、弔いのために門弟《もんてい》を遣《つか》わすことを述べられています。

このように、日蓮正宗では宗祖日蓮大聖人以来、葬儀や法事《ほうじ》に当たって、僧侶が導師《どうし》を務《つと》め、引導・回向をしていたことは明らかです。

迷《まよ》い苦しむ衆生を救うことが僧侶の使命なのですから、生者死者にかかわらず、僧侶が御本尊のもとに儀式を執行《しっこう》することは、当然なのです。

したがって、日蓮正宗における僧侶を導師とする葬儀のあり方が、釈尊の教えに背《そむ》くなどということは断《だん》じてあり得《え》ないのです。むしろ、小乗経典の一文《いちもん》を振りかざして宗門攻撃《こうげき》にやっきとなっている創価学会こそ、いっそのこと小乗教団にくら替《が》えしたほうがよいのではないでしょうか。

なお、創価学会は「宗門では、僧侶ぬきの葬儀は堕地獄《だじごく》といっている」と吹聴《ふいちょう》していますが、これは創価学会が、宗門からの「通告文《つうこくぶん》」の一部を歪曲《わいきょく》して作り上げた言い掛《が》かりです。

宗門から創価学会に宛《あ》てた「通告文」には、

「創価学会独自《どくじ》に僧侶不在《ふざい》の葬儀を執行するならば、それは下種三宝《げしゅさんぼう》の意義を欠《か》く化儀《けぎ》となり、決して即身成仏の本懐《ほんがい》を遂《と》げることはできません」

（大日蓮　平成三年十一月号七六ページ）

とあります。すなわち、創価学会の友人葬などは、下種三宝に背き、正法の僧侶に怨念《おんねん》をもって執行する儀式ですから、決して即身成仏はできないということです。

要するに、大御本尊と唯授一人《ゆいじゅいちにん》の血脈《けちみゃく》に随順《ずいじゅん》した日蓮正宗の法義《ほうぎ》に則《のっと》った葬儀でなければ、成仏は叶《かな》わないということです。

二十三、宗門は、葬儀において本来必要のない「導師本尊」や「引導」などを権威づけの道具に使っているのではないか

①導師御本尊について

創価学会は、葬儀《そうぎ》の際の導師《どうし》御本尊は、「大聖人・日興上人の時代にはなかった」「御書にも載《の》っていない」などといって否定《ひてい》し、第三十一世日因《にちいん》上人のお言葉を引用して、導師御本尊は不要《ふよう》であると主張しています。

しかし、宗門草創《そうそう》のときには顕《あらわ》れなかった教義や、化儀《けぎ》が時代とともに体系化され、時の御法主上人によって宗祖大聖人の教えを正しく敷衍《ふえん》する形で、顕発《けんぱつ》・化導《けどう》されることは、宗門の歴史のうえで、在《あ》って当然のことです。したがって、「大聖人・日興上人の時代にはなかった」「御書にも載っていない」との理由で、宗門伝統《でんとう》の教義や化儀を否定することは大きな誤《あやま》りです。

また、創価学会は、「第三十一世日因上人も家庭の御本尊と導師御本尊は同じであると指南《しなん》している」といって、導師御本尊は不要であるとしています。

しかし、日因上人のこの御文は、常住《じょうじゅう》御本尊も臨終《りんじゅう》の御本尊（導師御本尊）も、読経・唱題する功徳は等しいものの、導師御本尊は臨終正念《しょうねん》のために書写された御本尊であるから、葬儀には導師御本尊を正意《しょうい》としなさい、と御指南されたものです。

創価学会は、この日因上人の〝葬儀には導師御本尊を正意とせよ〟との結論の文を隠《かく》して、「導師御本尊は不要である」とする、まったく反対の文証にしているのです。

これは、まさしく詐欺《さぎ》・誑惑《おうわく》を常套《じょうとう》手段とする創価学会らしい、だましの手口というべきです。

なお、創価学会では「第二十六世日寛《にちかん》上人こそ正統《せいとう》な法主《ほっす》である」と讃《たた》えていますが、その日寛上人も導師御本尊を書写されているのですから、こうした創価学会の主張は、日寛上人にも背《そむ》く邪義《じゃぎ》なのです。

【資料】◇『日因上人書状』

「臨終御本尊の事　凡そ御本尊と申すは朝夕拝見仕り候御本尊も臨終講の御本尊も同じ事にて候。但し臨終の砌には御仏前えも罷り出で候事は成り難き候故に別紙に御本尊を枕の下に掛け奉り朝夕拝見仕り候。御本尊を忘れず候様に用心を致すべきにて候。例せば御守りを懐中仕り候事、我が身を離さず所持せば御守護を得申すべく候ためなり。然れどもお守と常住安置の御本尊と格別にて之れなく候。（中略）又お経をよみあげ候事、常住の御本尊と臨終の御本尊を掛け奉り申し候時と前後苦しからざる事に覚え候。何れも同じ御功徳にて候。然れども臨終正念のために書写し之を授与し給ふ御本尊なれば臨終正念の御祈祷のときは正意に致さるべく候」（小川貞性宛　宝暦四年十月十七日状）

②引導文について

創価学会では、「引導文《いんどうもん》は中国の禅宗《ぜんしゅう》によって始められたものであり、現在は僧侶の権威《けんい》の道具にすぎず、故人《こじん》の成仏とは関係ない」といっています。

しかし、本宗の葬儀には、故人の臨終正念《りんじゅうしょうねん》・罪障消滅《ざいしょうしょうめつ》・即身成仏を祈《いの》るなどの意義があり、そのなかでも引導は、故人を真の常寂光土《じょうじゃっこうど》に導《みちび》く深い意義をもつことから、もっとも重要なものといわれています。それは、第九世日有《にちう》上人が『化儀抄《けぎしょう》』で、引導の心構《こころがま》えを御教示されていることからも明らかです。

このような重要な意義をもつ引導を、単なる「僧侶の権威《けんい》の道具」と蔑《さげす》む創価学会の主張は、仏法の深義《じんぎ》をわきまえぬ浅識謗法《せんしきほうぼう》の言であり、薄《うす》っぺらな歴史しか持てない集団の、哀《あわ》れな「ひがみ」でしかないのです。

創価学会員への折伏教本　分冊版 ⑥

創価学会では幸せになれません

平成28年4月28日 初 版 発 行

編　纂　折 伏 教 本 編 纂 委 員 会
発　行　日　蓮　正　宗　宗　務　院

発行所　株式会社 大 日 蓮 出 版
静岡県富士宮市上条546番地の1

印　刷　株式会社 き う ち い ん さ つ

ISBN 978－4－905522－47－8